ro
ro
ro

Monika Lange · Nikolaus Heidelbach

Mit Katz und Hund auf Du und Du

Ein Tiersprachführer

Rowohlt Taschenbuch Verlag

„Mit Katz und Hund auf Du und Du“ wurde mit dem
Kinderbuchpreis des Landes Nordrhein-Westfalen ausgezeichnet.

Lektorat Susanne Koppe

Veröffentlicht im Rowohlt Taschenbuch Verlag GmbH,
Reinbek bei Hamburg, Januar 2002

Text- und Umschlagillustration Nikolaus Heidelbach
Umschlaggestaltung any.way, Barbara Hanke
Rotfuchs-Comic Jan P. Schniebel

Satz Minion PostScript, QuarkXPress 3.3
Gesamtherstellung Clausen & Bosse, Leck
Printed in Germany
ISBN 3 499 21180 7

Die Schreibweise entspricht
den Regeln der neuen Rechtschreibung.

Inhaltsverzeichnis

Mit Tieren sprechen

Kennst du nicht auch dieses Gefühl: Dein Tier sieht dich bedeutungsvoll an – und du wünschst dir nur eins: „Wenn es doch reden könnte!" Jeder, der Tiere gern hat, möchte wie im Märchen mit ihnen sprechen können. Im wirklichen Leben geht das natürlich nicht – oder doch?

Die Sprache der Tiere kannst du lernen. Tiere sprechen zwar nicht mit Worten, aber sie haben ihre eigenen Laute wie Bellen oder Maunzen. Und damit nicht genug: Tiere sprechen mit ihrem gesamten Körper. Sicher weißt du, was es bedeutet, wenn ein Hund mit dem Schwanz wedelt? Die Sprache der Hunde und der anderen Tiere besteht aus unendlich vielen solcher Zeichen. Die Bedeutung dieser Zeichen kannst du verstehen lernen. Was du dafür brauchst, ist ein Sprachführer.

Ein besonderer Sprachführer

Einen Sprachführer brauchst du in einem fremden Land. Darin stehen die wichtigsten Worte und Sätze, damit du dich als Besucher zurechtfindest. „À la droite", antwortet ein Franzose, den du nach dem Weg gefragt hast. Das heißt: „Nach rechts", was du im Sprachführer nachschlagen kannst. Nun musst du nicht herumirren!

Unser Sprachführer begleitet dich in die Welt der Haustiere. Du erfährst, was auf Kätzisch „Ich mag dich" und in der Kaninchensprache „Lass mich in Ruhe" heißt. Du findest sogar viele Vorschläge, wie du selbst Hundländisch, Kätzisch und andere Tiersprachen sprechen kannst. Damit bist du dann bald ein Dolmetscher, der fließend von einer in die andere Sprache übersetzen kann.

Das Tierdolmetscher-Diplom

Eine Sprache verstehst du am besten, wenn du dich mit den Sitten und Gebräuchen des Landes auskennst. In unserem Führer findest du deshalb nicht nur Worte der Tiersprachen, sondern erfährst auch viel über das Leben in den einzelnen Tierländern.

Was ein Tierdolmetscher sonst noch wissen sollte, erfährst du in den Abschnitten „Tierdolmetscher-Spezial". Am Ende des Buchs kannst du das Tierdolmetscher-Diplom erringen. Und du wirst dich vor fremden Tieren weniger fürchten und dein eigenes mit ganz anderen Augen sehen.

Seinen besten Freund will man schließlich verstehen!

Bellen ist nicht alles

Die Sprache der Hunde

„Aufgepasst! Hier ist was los!“

Ein bellender Hund kann dich ganz schön erschrecken. Aber Bellen ist kein Grund zum Wegrennen, sondern heißt nur: „Achtung – hier passiert etwas!“
Ein Hund, der bellt, freut sich über einen Neuankömmling, oder er will seine Familie warnen. Auch wenn niemand zu Hause ist – seine Wohnung bewacht ein Hund immer laut bellend.
Deshalb halten Menschen Hunde schon seit langem als Wachhunde.

„Hallo, das bin ich!“

Ein Hund stellt sich mit seinem Geruch vor. Unter dem Schwanz hat er eine Drüse, die seinen besonderen Duft verströmt. Hebt der Hund seinen Schwanz, kann ein anderer ihn beschnuppern. Ein hoch erhobener Schwanz ist wie ein fester Händedruck unter Menschen.
Hunde können besser riechen als sehen. Darum ist für sie die Duftnote eines anderen Hundes ein wichtigeres Erkennungszeichen als zum Beispiel ein buntes Fell oder Schlappohren.

„Wer bist du?“

Dieser Hund möchte wissen, wen er da vor sich hat: Er schnüffelt an deiner Hand.
Ob der Hund dich mag oder lieber seine Ruhe haben möchte, zeigen dir die nächsten Bilder.

„Du gefällst mir.“

So sieht ein Hund aus, der dich mag: Die Ohren sind gespitzt und zu dir gedreht. Die Mundwinkel hat er wie bei einem Lächeln zurückgezogen. Den Schwanz hält er hoch und wedelt eifrig.

„Mir geht's bestens!"

Schwanzwedeln ist immer ein gutes Zeichen. Der Hund sagt damit: „Vor mir brauchst du keine Angst haben." Oder: „Das gefällt mir."

„Ich hab Angst!“

Hier siehst du dagegen den berühmten eingezogenen Schwanz. Je niedriger der Schwanz hängt, umso ängstlicher ist der Hund. Außerdem duckt er sich – er möchte sich so klein wie möglich machen.

Manchmal passiert das sogar, wenn du einen Hund streicheln möchtest. Manche Tiere haben Angst vor Fremden, auch vor Kindern! Wenn du sie trotzdem anfasst, wehren sie sich.

„Hier war ich!“

Hunde – besonders die Männchen – pinkeln Bäume und Steine an, weil sie damit eine Botschaft hinterlassen. Denn jeder Hund hat andere Duftstoffe im Urin. Ein anderer Hund kann später wie aus einer Zeitung oder von einem schwarzen Brett erfahren, wer hier schon vorbeigekommen ist. Er kann sogar erschnüffeln, wie es diesem Hund geht und ob der Geruch von einem Rüden – einem Männchen – oder einer Hündin stammt.
Für uns Menschen bleiben die Botschaften leider eine Hundegeheimsprache, für uns riechen alle diese Spritzer gleich.

„Wir gehören zusammen!"

Ein Heulkonzert unter Hunden bedeutet: „Wir sind ein Rudel!" Das haben sie von ihren Vorfahren, den Wölfen. Im Wolfschor hat sogar jedes Tier seine eigene Strophe.
Mit Singen oder Selbst-Heulen kannst du deinen Hund zu einem „Wir-gehören-zusammen-Heulkonzert" anregen. Manchmal singen Hunde allerdings auch mit, wenn ihre Menschen das gar nicht möchten, zum Beispiel wenn sie Musik hören.

„Ich bin sooo allein!“

Ein Hund heult auch, wenn er sich verlassen fühlt. Er hofft, dass seine Familie ihn dann hört und ihm antwortet. Er ruft: „Wo seid ihr? Kommt und holt mich!“

„Autsch! Hilfe!“

Gejault oder gewinselt wird, wenn dem Hund etwas wehtut oder wenn er Angst hat. Jaulen und Winseln hört sich anders an als Heulen. Hunde winseln recht leise und hoch. Das ist ein Laut, den besonders Hundewelpen machen. Ein erwachsener Hund, der winselt, sagt damit: „Ich bin hilflos wie ein Baby, tu mir nichts.“ Jaulen ist lauter und meistens kurz. Es endet häufig in einem Winsellaut.

„Spiel mit mir!“

Ein Hund, der Lust zum Herumtollen hat, „verbeugt“ sich vor dir mit durchgedrückten Vorderbeinen und springt herum. Er stupst dich vielleicht auch mit der Schnauze an, hebt die Pfote und sieht dich erwartungsvoll an.
Wenn du deinem Hund auf Hundländisch sagen willst, dass du mit ihm spielen möchtest, dann machst du dies so: Du gehst ein wenig in die Knie und klopfst dir mit den Händen auf die Oberschenkel. Genauso gut funktioniert es, wenn du neben einem Hund herrennst und ihn anstupst.

„Aus dem Weg – hier bin ich der Chef!“

So sieht eine Drohung auf Hundländisch aus:
Der Hund knurrt. Sein Fell ist gesträubt. Die Ohren stehen aufrecht und der Schwanz ist erhoben. Der Hund blickt seinem Gegner fest in die Augen. Das Anstarren bedeutet: „Verzieh dich oder kämpfe.“
Dieser Hund fühlt sich seinem Gegner überlegen.

„Ich hab Angst, aber weglaufen werde ich nicht!“

Ein ängstlicher Hund klemmt seinen Schwanz ein und duckt sich. Aber dieser hier hat auch seine Ohren zurückgelegt, knurrt und macht dabei eine ganz kurze Schnauze. Das ist gefährlich. So knurren Hunde, kurz bevor sie Ernst machen und angreifen. Wenn der andere Hund ihn noch mehr bedrängt, wird der verängstigte Hund sich verteidigen.

„Alles in Ordnung – du bist der Stärkere."

Ein Hund kann einen Kampf auch verhindern. Er weiß nämlich, dass Jungtiere, also Welpen, nie von Älteren gebissen werden. Um ein ranghöheres oder stärkeres Tier zu besänftigen, verhält er sich deshalb wie ein Baby: Er leckt dem anderen die Schnauze und rollt sich auf den Rücken.
Mit dem gleichen Trick versuchen Hunde es auch bei einem schimpfenden Herrchen: Sie rollen sich auf den Rücken, winseln und machen sich so klein wie möglich.

„Streichel mich! Jaaaa!“

Es gibt regelrechte Schmusehunde. Sie kuscheln sich an dich oder legen sich vor dir auf den Rücken. „Ich bin so lieb. Streichel mich!“, soll das heißen. Sie drehen sich so, dass du an jede ihrer Lieblingsstellen dran kommst. Die sind bei jedem Hund woanders. Ausprobieren!

Fährten ins Hundeland

Das Rudel

Das Wichtigste im Hundeland ist die Gruppe, das Rudel. Du kannst dir einen Hund wie einen zahmen Wolf vorstellen, und Wölfe jagen in einem Rudel zusammen. Sie beschützen sich gegenseitig. Ihr Rudel ist für sie lebenswichtig. Deshalb ordnen sich Wölfe den Regeln ihres Rudels bereitwillig unter. Für einen Haushund ist die Familie, in der er lebt, sein Rudel. Der Hund passt sich den merkwürdigen Menschenregeln an, um der Familie anzugehören. Er schläft im Körbchen und nicht auf dem Bett mit den anderen, wie er als Rudeltier das eigentlich möchte. Seinem Menschenrudel zuliebe geht er sogar an der Leine.

Signale

Es ist gar nicht so einfach, in einem Rudel zu jagen. Wölfe haben viele Zeichen und Laute, mit denen sie sich während der Jagd und im täglichen Rudelleben verständigen können. Viele davon sind laut, wie Bellen und Knurren, manche sind leise Körpersignale. Ihren Nachfahren, den Hunden, fällt es deshalb leicht, Kommandos zu erlernen. Sie merken sich zum Beispiel ein paar Worte aus unserer Sprache wie „Sitz", „Komm", „Pfui" oder „Hundekuchen". So kann der Mensch sich mit dem Hund verständigen und den Hund für viele Arbeiten einsetzen: als Schäferhunde, Jagdhunde, Blindenhunde und Wachhunde.

Warum spielen Hunde so gerne?

Hundewelpen lernen beim Spielen alles über die Regeln in einem Rudel. Beim Spielen probieren sie aus, wie stark sie sind und was sie sich in einer Gemeinschaft erlauben können. Außerdem üben die Hunde so die Jagd. Wie die Wölfe machen Hunde auch das am liebsten mit anderen zusammen – egal ob mit Hunden oder Menschen. Das Stöckchen, das der Mensch wirft, wird dann zur fliehenden Beute. Solche Spiele machen auch älteren Hunden Spaß. So gesehen werden sie eigentlich nie erwachsen.

Hundeschule

Junge Hunde müssen die Hundesprache erst von anderen Hunden lernen. Wenn sie nur mit Menschen aufwachsen, haben sie bei der Verständigung mit anderen Hunden Probleme. Sie können nicht erkennen, ob ihnen andere Hunde freundlich oder feindlich gesinnt sind, sie können auch keinen Streit beilegen. Schade, dass sie unseren Sprachführer nicht lesen können!

Tierdolmetscher-Spezial:

Die Zeichen der Tiere

Stell dir vor, dir begegnet ein Hund oder eine Katze, oder du sitzt vor dem Käfig deines Wellensittichs. Wie findest du jetzt heraus, wie es ihnen geht und was sie sagen?
Achte zuerst einmal darauf:

Körperhaltung/Bewegung: Macht sich das Tier groß oder klein? Ist es angespannt oder locker?
Schnauze/Schnabel/Maul: Zeigt das Tier dir die Zähne? Verzieht es das Gesicht?
Ohren: Sind sie gespitzt oder angelegt? Wohin deuten sie?
Schwanz: Ist er ruhig oder wedelt er? Steht der Schwanz hoch oder hängt er herunter?
Fell/Federkleid: Ist es glatt oder gesträubt?

Beine: Sind sie durchgedrückt oder locker? Hebt das Tier vielleicht die Pfote?

Dann ist es natürlich wichtig, ob das Tier vielleicht laut kreischt oder nur ganz leise Laute von sich gibt. Hat der Wellensittich nur einmal kurz geschilpt? Bellt der Hund schon lange?

Als Nächstes schaust du dich gründlich um. Die Umgebung verrät dir zum Beispiel, warum eine Katze miaut: Steht sie vor ihrem Futternapf, dann will sie fressen. Maunzt sie vor der Haustür, dann möchte sie raus.

Wenn du das alles ganz genau beobachtet hast, hilft dir unser Sprachführer weiter. Du kannst das, was du gesehen hast, mit den Bildern und Beschreibungen im Buch vergleichen und eine Erklärung für das Verhalten deines Tieres finden.

Ist dir eigentlich schon aufgefallen, dass die Tiersprachen sich manchmal ähneln? Hat ein Tier Angst, macht es sich meistens klein. Läuft es ziellos herum, so ist es fast immer unruhig. Auch in der Körpersprache der Menschen kannst du das wieder finden.

Wenn du Tiere häufiger beobachtest, wird etwas Erstaunliches passieren: Du wirst immer mehr von dem verstehen, was die Tiere sagen – auch wenn es gar nicht in diesem Buch beschrieben wurde. Wenn jemand nämlich ein paar Worte einer fremden Sprache kennt, lernt er den Rest schnell von den Einheimischen – wenn er genau zuhört oder wie bei uns: *genau beobachtet.* Gleichzeitig wirst du dich den Tieren immer besser verständlich machen können.

Der Wink mit dem Barthaar

Die Sprache der Katzen

„Gestatten: Katze."

Katzen, die sich begrüßen, reiben sich aneinander. Auch am Kopf. Dort haben Katzen Drüsen, die ihren besonderen Duft absondern. Wie Hunde und viele andere Tiere erkennen auch sie einander am Geruch.

„Erst mal auf Nummer Sicher gehen ...“

Wenn sie dich noch nicht kennen, beobachten dich Katzen aus sicherer Entfernung. Nach einer Weile werden sie näher kommen, und du kannst sie begrüßen.

„Herzlich willkommen!“

Katzen streichen einem vertrauten Menschen zur Begrüßung um die Beine. Der Geruch des Menschen haftet dann an ihrem Fell. Wenn sie sich gleich nach der Begrüßung lecken und putzen, untersuchen sie diesen Geruch.

„Ich finde dich nett.“

Diese Katze ist dir gut gesinnt. Ihre Ohren stehen aufrecht und sind zu dir gedreht. Sie schnuppert interessiert an deiner Hand. Wenn ihr euch noch nicht kennt, hältst du einer Katze immer die Hand zum Schnuppern hin, bevor du sie anzufassen versuchst. Manche – aber nicht alle – Katzen finden es toll, wenn du sie wie eine echte Katze in der Katzensprache begrüßt und ihr deinen Kopf zum Reiben anbietest. Sei mutig!

„Geh weg! Ich beiße und kratze!"

Ohren, die hochstehen, aber nach hinten zeigen, sind in der Katzensprache eine Warnung. Wenn noch dazu der Schwanz heftig zuckt, wird die Warnung ernster. Legt die Katze ihre Ohren an den Kopf und faucht, greift sie gleich an.

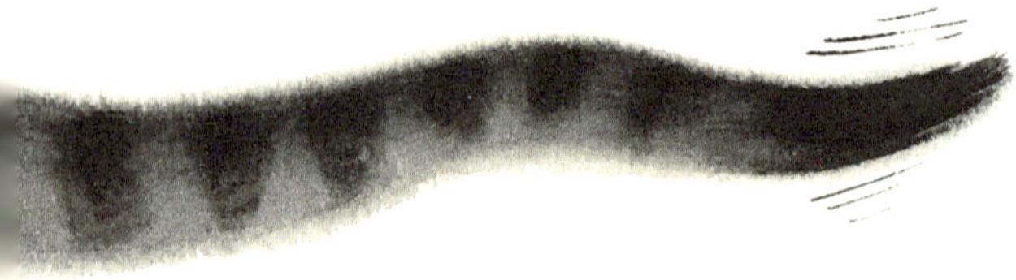

„Mir ist heute so ... so ... ich weiß nicht recht!“

Schwanz-„Wedeln“ ist bei Katzen immer ein Zeichen für Aufregung oder Unentschlossenheit.

„Das ist mein Reich!“

Katzen pinkeln in ihrem Revier die Stellen an, die besonders auffällig sind. Von den Grenzen ihres Reviers sollen sich die anderen gefälligst fern halten.
Ein Kater teilt sein Revier nicht mit einem anderen Kater, eine weibliche Katze teilt ihr Revier nicht mit anderen Damen. Zusammen leben Katzen nur, wenn sie gemeinsam bei einem Menschen wohnen.

„Ich gehöre dazu."

Wenn Katzen an den Möbeln der Menschen ihre Krallen schärfen, kennzeichnen sie auch damit ihr Revier. Katzen haben nicht nur am Kopf, sondern auch an den Füßen Duftdrüsen. Wenn sie ausgerechnet Mamas Lieblingssessel zerfetzen, bedeutet das nichts Böses, sondern: „Ich gehöre zu euch. Ich wohne auch hier."
Aus dem gleichen Grund reibt eine Katze ihren Kopf an Möbeln.

„Bitte streicheln!“

Katzen lassen sich von einem Menschen, dem sie vertrauen, gerne streicheln – wenn sie in Stimmung dafür sind. Das zeigen sie dir deutlich: Sie umschmeicheln dich und werden zudringlich. Sie maunzen oder schnurren.

„Mir geht es gut."

Katzen sagen dir ganz deutlich, wann sie sich rundherum wohl fühlen: Sie beginnen laut zu schnurren!
Genießt eine Katze das Kuscheln auf deinem Schoß, dann beginnt sie manchmal zu „treteln": Langsam tritt sie mit den Pfoten auf und ab. Das hat sie schon gemacht, wenn sie an den Zitzen ihrer Mutter saugte. Treteln heißt, dass sie sich bei dir so wohl fühlt wie damals beim Nuckeln.
Lecken ist ebenfalls ein großes Kompliment an dich. Die Katze möchte dich so liebkosen.

„Ich WILL etwas!“

Eine Katze, die maunzt, möchte meistens etwas von dir. Vor der geschlossenen Tür stehen und maunzen – das heißt: „Die doofe Tür geht nicht auf. Hilf mir!“ Wenn die Katze maunzend vor dem Futternapf steht, dann sagt sie natürlich: „Fütter mich!“ Das heißt jedoch noch lange nicht, dass die Katze etwas bekommen sollte – vielleicht ist sie nur verfressen! Manchmal ist es gar nicht so leicht zu erraten, was die Katze will. Maunzen kann in der Katzensprache vieles bedeuten. Ihr Maunzen könnte auch „Streichel mich“ oder „Spiel mit mir“ heißen.

„Hau ab!“

Bevor sich zwei Kater auf einen gefährlichen Kampf einlassen, schüchtern sie sich lieber gegenseitig ein.
Der linke Kater fühlt sich stark: Er macht sich groß, indem er die Beine durchdrückt und das Fell sträubt, außerdem schreit er. Achte auf seine Ohren! Sie sind aufgerichtet und zeigen nach hinten. So drückt er seinen Ärger über den Rivalen aus.

„Du bist stärker, aber meine Krallen sind auch scharf!“

Der rechte Kater fürchtet sich vor seinem Gegner. Deshalb drückt er sein Hinterteil auf den Boden und macht sich klein. Aber verteidigen wird er sich trotzdem, das zeigen seine zurückgelegten Ohren und sein Fauchen.

„Ich hab Schiss – du hoffentlich auch!“

Den berühmten Katzenbuckel macht eine Katze, wenn sie sich erschreckt hat, zum Beispiel vor einem bellenden Hund. Mit den durchgestreckten Beinen und dem gesträubten Fell macht sie sich groß. Sie will ihren Gegner verjagen. Gleichzeitig hat sie Angst und würde sich am liebsten ducken. Deshalb krümmt sie den Rücken und legt die Ohren an – sie ist bereit zur Verteidigung.

„Mit dir leg ich mich nicht an."

Ist die Katze eingebildet? Du schimpfst mit ihr, weil sie etwas angestellt hat, und sie schaut aus dem Fenster! Damit will sie dich aber nicht ärgern, im Gegenteil. Direktes Anstarren ist in der Katzensprache eine Herausforderung. Sieht die Katze beiseite, erkennt sie deine Überlegenheit an.

„Guten Appetit!“

Diese Katze will dich nicht erschrecken. Die Katze will dir auf ihre Art helfen: „Du bist ja wohl nicht sehr erfolgreich beim Jagen. Bevor du verhungerst, bring ich dir lieber was mit.“

„Was mach ich bloß?“

Hier siehst du eine Katze, die gar nicht weiß, was sie tun soll. Sie leckt sich die Schnauze und die Pfoten, weil sie hin und her gerissen ist zwischen Weglaufen und Untersuchen. Sie überlegt sich: „Ist das gefährlich, oder kann man damit spielen?“ Ein Mensch würde sich jetzt vielleicht kratzen oder an seiner Kleidung zupfen.

Schleichwege ins Land der Katzen

Kätzisch ist eine Sprache für genaue Beobachter

Du musst besonders gut hinschauen, wenn du die Geheimnisse der Katzensprache entschlüsseln willst. Denn viele Signale dieser Tiere sind unglaublich fein. Die Ohren drehen sich ein bisschen, der Schwanz zuckt – und eine andere Katze hat alles verstanden. Die Menschen mit ihren groben Sinnen bekommen vieles davon gar nicht mit. Achte zum Beispiel auch auf die Augen: Die schlitzförmigen Pupillen können sich verengen, wenn Katzen sich ärgern.

Eine seltsame Freundschaft

Es ist eigentlich erstaunlich, dass Katzen mit Menschen zusammenleben wollen. Katzen sind Einzelgänger und haben mit anderen Katzen nur an den Grenzen ihres Reviers zu tun. Wenn sie nicht gerade Junge haben, leben und jagen sie allein.

Katzen leben mit Menschen also wie mit einer Familie zusammen. Die Menschen sind für eine Katze Ersatzeltern, von denen sie sich füttern lässt, wie es sonst nur kleine Katzen tun. Wenn du deine Katze streichelst, erinnert sie das daran, wie ihre Katzenmutter sie sauber geleckt hat. Sie fühlt sich wohl wie ein Baby. Fremden Katzen gegenüber ist deine Katze allerdings völlig erwachsen!

Tagewerk

Als Mäuse- und Rattenjäger stehen Katzen schon lange im Dienst der Menschen. Lauern und schleichen ist ihr Geschäft. Darum müssen Katzen leise und behutsam sein. Ständig üben sie ihre Geschicklichkeit und das blitzschnelle Zuschlagen: mit einem Wollknäuel, einer Spielmaus – mit allem, was einer Beute ähnelt.

In der jagd- und spielfreien Zeit ist die Katzenlieblingsbeschäftigung das Faulenzen. Katzen schlafen jeden Tag sechzehn Stunden – bitte nicht stören!

Kontrollgang im Königreich

Jede Katze hat ihr eigenes Revier, das sie verteidigt. Kater haben größere Reviere als weibliche Katzen. Ihre Reviere überlappen mit denen der Kater.

Wenn Katzen zusammen bei einem Menschen leben, dulden sie sich gegenseitig in einem gemeinsamen Revier: Es gibt ja genug zu fressen für alle.

Ein paar Mal am Tag überprüft eine Katze, ob mit ihrem Gebiet alles in Ordnung ist, und macht einen Rundgang. Türen sind dabei wirklich lästig!

Tierdolmetscher-Spezial:

Der erste Schritt

Willst du mit einem Tier Freundschaft schließen, musst du erst einmal sein Vertrauen gewinnen. Das Tier muss spüren, dass du nichts Böses im Sinn hast, sondern nett bist. Es gibt ein paar ganz einfache Regeln, die dir dabei helfen:

- Nähere dich Tieren immer ruhig und ohne hastige Bewegungen. Sonst siehst du wie ein nervöses Beutetier aus oder wie ein schrecklicher Feind.

- Nähere dich dem Tier so, dass es dich schon von weitem sehen kann. Tauchst du ganz unvermutet vor ihm auf, erschrickt es!

- Beobachte das Tier. Wenn das Tier Angst hat und zum Beispiel die Ohren zurücklegt, kannst du dich noch zurückziehen.

- Sprich beruhigend auf das Tier ein. Es ist egal, was du erzählst. Sag ihm, wie nett und hübsch es ist, oder sprich über das Wetter. Nur Räuber mit miesen Absichten schleichen sich stumm an!

- Biete Hunden, Katzen und Kleintieren zur Begrüßung deine Hand zum Schnuppern an. Trau dich! Dann lassen sie sich auch streicheln!

- Manchmal wollen Tiere einfach nicht gestreichelt werden oder spielen. Lass sie dann in Ruhe – du willst ja auch nicht immer spielen oder kuscheln.

- Kleine Fressgeschenke schaden nie. Sie sind Bestechung, Friedensangebot und Beruhigung zugleich. Halte das Futter zwischen Daumen und Zeigefinger hin oder biete es auf der flachen Hand an. Zieh deine Hand nicht im letzten Moment zurück, weil dich der Mut verlässt. Das Tier meint dann, du willst es ärgern. Gib dem Tier nur Futter, das es gut verträgt. Im Zweifel den Besitzer fragen!

Plappern und Schnäbeln

Die Sprache der Wellensittiche

„Wie geht's denn so?"

Bei Wellensittichen gibt es keine großen Begrüßungszeremonien. Da setzt sich einer neben den anderen, und das war's.
Ein zutraulicher Wellensittich schaut dich neugierig an und hört dir zu, wenn du langsam auf ihn zugehst und freundlich mit ihm sprichst. Vielleicht hüpft er dir dabei auch entgegen. Zahme Wellensittiche, die dich gut kennen, landen auf deinem Kopf oder deinen Schultern.

„Ich trau dir nicht."

Der Wellensittich zuckt und flattert bei jeder Bewegung, die du machst, obwohl du leise mit dem Vogel sprichst und nicht mit den Armen herumfuchtelst? Dieser Wellensittich hat noch kein Vertrauen zu Menschen. Wenn du ihm nahe kommst oder ihn anfassen willst, wird er panisch im Käfig herumflattern und versuchen zu fliehen.

„Dich mag ich am liebsten."

Zum Eheleben eines Wellensittichs gehört das Schnäbeln. Beim Schnäbeln sitzen die zwei zusammen und tun so, als würden sie sich füttern: Sie reiben ihre Schnäbel aneinander. Manche Wellensittiche „schnäbeln" auch mit ihren Menschen.

„Ich möchte gekrault werden."

Ein Wellensittich, der den Kopf schräg hält und die Federn an der Backe abstellt, möchte am Kopf gekrault werden. An seinen Kopf kommt er nämlich selbst nicht dran. Andere Wellensittiche verstehen diese Aufforderung und kraulen ihn dort. Schließlich gehören in einem Schwarm alle zusammen.
Wenn du deinem Wellensittich deine Zuneigung zeigen willst, kannst du ihm in waschechtem Wellensittisch ein Kraulangebot machen: Als Schnabelersatz streckst du ihm langsam und von unten einen Finger entgegen. Wenn er dir nun die Backe hinhält, heißt das: „Von dir lasse ich mich gerne kraulen."

„Wir gehören zusammen!“

Wellensittiche singen! Der Gesang hört sich für uns allerdings an wie Geplapper. Die Vögel sitzen ganz entspannt auf der Stange, haben die Backen aufgeplustert und erzählen vor sich hin. Am liebsten singen sie in Gemeinschaft. Das Singen stärkt das Gefühl, dass sie zusammengehören. Außerdem finden Wellensittichfrauen singende Wellensittichmänner sehr sexy.

„Ich will mitmachen."

Wellensittiche ahmen sogar die Menschensprache nach – schließlich sind sie nichts anderes als kleine Papageien. Die Worte oder Sätze, die sie nachplappern, halten sie für den „Gesang" ihrer neuen Gemeinschaft. Dabei wollen sie natürlich mitmachen. Wenn ein Wellensittich „du Mistkerl" ruft, versteht er nicht, was er da sagt. Aber er fühlt sich wie einer von uns!

„Ich bin einsam!“

Ein Wellensittich tschilpt minutenlang immer gleich. Das ist Wellensittisch für: „Wo seid ihr? Ich bin hier! Hiiiilfe!“ Den gleichen Hilferuf senden Vögel aus, die andauernd dieselbe Bewegung machen, zum Beispiel auf der Stange auf- und ablaufen, auf und ab, auf und ab …
Allein sein und Langeweile haben ist das Schlimmste, was einem Wellensittich passieren kann!

„Komm mir nicht ins Gehege!“

Rückt ein Wellensittich einem anderen zu sehr auf die Pelle, reißt der den Schnabel auf und zetert. „Komm mir nicht zu nahe! Sonst beiße ich dich!“, will er damit sagen.
Tatsächlich hält jeder Wellensittich zu seinem Nachbarn auf der Stange einen bestimmten Abstand. Auch in den großen Schwärmen fühlen die Vögel sich unwohl, wenn ihnen der Freiraum fehlt. Das ist bei Menschen übrigens nicht anders. Auch uns wird es unbehaglich, wenn Fremde uns zu nahe kommen.

„Hilfe – Hilfe – Hilfe!!!“

Dass dieser Vogel sich bedroht fühlt, kannst du leicht erkennen. Er streckt sich, legt die Federn an und trippelt aufgeregt hin und her. Vor lauter Aufregung macht er sich dauernd in die Hose: Eine kleine Flugbombe nach der anderen lässt er fallen. Ist er im Käfig eingesperrt, verzieht er sich ins hinterste Käfigende und flattert wie wild herum: Am liebsten würde er auf und davon fliegen.

„Rette sich, wer kann!“

Wenn einer der vielen, vielen Wellensittiche eines Schwarms Raubvögel entdeckt, dann warnt er die anderen. Diesen Warnruf, einen einzelnen scharfen Tschilp-Laut, kannst du auch bei einem zahmen Wellensittich hören, wenn er etwas gefährlich findet.

4

Ausflug ins Land der Wellensittiche

Herkunft: Australien

Wellensittiche fühlen sich nur in einem Schwarm oder in Gesellschaft wohl. Wilde Wellensittiche ziehen in gewaltigen Schwärmen durch das heiße Australien. Sie suchen in der Trockenzeit zusammen nach Wasser, und wenn es regnet, brüten sie in riesigen Kolonien, am liebsten in Eukalyptusbäumen. In die Eukalyptus- und Akazienbäume ziehen sie sich auch während der heißen Mittagsstunden zurück. Dort „singen“ sie gemeinsam und pflegen sich gegenseitig das Gefieder. Das stärkt ihr Zusammengehörigkeitsgefühl.

Die wahre Liebe

Wellensittichschwärme können aus vielen Hunderten oder sogar Tausenden Tieren bestehen. Trotzdem finden sich die zwei, die zu einem Pärchen gehören, immer wieder. Sie bleiben ihr ganzes Leben zusammen. Zahme Wellensittiche nehmen die Menschen, bei denen sie leben, sozusagen in ihren Schwarm auf. Besser mit Menschen als ganz allein!

Ausflug

Wellensittiche sitzen manchmal im Käfig auf der Stange und flattern wie wild mit den Flügeln. Was wollen sie dir damit sagen? Gar nichts, sie üben nur ihre Flugmuskeln. Ein bisschen mehr Ausflug könnte allerdings nicht schaden! Wellensittiche brauchen viel Unterhaltung, denn sie sind schlau und neugierig und langweilen sich schnell. Sie klettern und knabbern und untersuchen gerne die Welt. Du kannst mit deinem Wellensittich auch zusammen Spiele erfinden. Es sollen schon Wellensittiche Tischfußball gespielt haben!

Tierdolmetscher-Spezial:

Missverständnisse zwischen Tier und Mensch

Ganz klar, Tiere haben wie Menschen eine Körpersprache. Deine Körperhaltung zeigt jedem, ob du gut drauf bist oder eher traurig: Dann lässt du deine Schultern mutlos hängen. Ohne richtig darauf zu achten, sendest du dauernd Signale an deine Umgebung. Tiere können sie manchmal völlig falsch verstehen.

Ein wunderschönes Zahnpastalächeln:
Menschen freuen sich darüber, schließlich ist es ein Zeichen von Freundlichkeit. Viele Tiere aber sehen, dass du ihnen die Zähne zeigst. Und das ist eine Drohung.

Ein fester Blick in die Augen:
Wenn Menschen sich lange in die Augen blicken, ist das ein Zeichen von Vertrauen. Doch ist das immer so? Ein strafender Blick kann auch unter Menschen sehr unangenehm sein. Bei Tieren ist das feste In-die-Augen-Starren häufig eine Kampfaufforderung. Katzen, die keinen Streit wollen, blicken an dir vorbei. Hunde, die dich anstarren, fühlen sich dir überlegen und erwarten, dass du klein bei gibst.

Das Weiße in den Augen der Menschen:
Menschenaugen können auf Tiere bedrohlich wirken, weil man bei ihnen immer das Weiße sieht. Bei den meisten Tieren siehst du das Weiße nur, wenn sie die Augen aufreißen und mit ihnen rollen. Das passiert nur, wenn sie sehr große Angst haben oder angriffslustig sind.

Der aufrechte Gang:
Menschen laufen mit durchgestreckten Beinen und hoch aufgerichtet direkt auf ihr Ziel zu. Das trauen sich im Tierreich nur die, die sich ganz stark fühlen. Sogar Löwen und Tiger lassen sich von so viel Selbstbewusstsein beeindrucken und gehorchen dem Dompteur, der nicht halb so stark ist wie sie.

Die Hand wird zum Raubvogel:
Deine Hand kann von einem Tier als liebevolle Schleckzunge empfunden werden, wenn du es streichelst. Die Hand kann aber auch zum Feind werden: Ein Finger, der durch das Käfiggatter hackt, ist für einen Vogel ein Schnabel, und zwar einer, der angreift! Ängstliche Vögel versuchen dann zu fliehen, die mutigen hacken zu.

Wie ein Raubvogel verhältst du dich, wenn deine Hand den Käfig öffnet, über dem kleinen Hamster schwebt und plötzlich zupackt – großer Hamsterschreck! Deshalb den Käfigbewohner immer erst begrüßen!

Mit Knopfaugen und scharfen Zähnen

Die Sprache der Hamster, Kaninchen, Meerschweinchen und Ratten

„Mal sehen, wer du bist.“

Das kennst du schon von Hund und Katze: Hamster, Kaninchen, Ratten und Meerschweinchen beschnüffeln Kopf und Hinterteil, um sich kennen zu lernen. Der Erkennungsgeruch, den jedes Tier hat, verrät ihnen spannende Sachen: Ist der andere ein Männchen oder ein Weibchen? Gehört er zu uns oder ist er fremd?
Deshalb interessiert sich jeder kleine Nager für deinen Geruch. Zur Begrüßung heißt es also wieder: Hand beschnüffeln lassen! Schließlich hast du friedliche Absichten, und das solltest du zeigen. Eine kleine Bestechung in Form von Futter kann auch nicht schaden. Wenn das Tier freundlich gestimmt und zutraulich ist, erkundet es daraufhin deine Hand mit aufgestellten Ohren und lässt sich auch anfassen.

„Komm mir ja nicht zu nahe!“

Wenn deine Annäherung nicht gefragt ist, warnen dich die kleinen Nager mit ihrer gesamten Körperhaltung:
Die Ohren sind zurückgelegt und das Tier macht sich groß. Kaninchen stellen sich dafür auf die Zehenspitzen und strecken ihr Schwänzchen kampflustig in die Höhe.
Ratten und Hamster sträuben ihr Fell und zeigen ihre scharfen Zähne. Zusätzlich heben sie eine Pfote zur Abwehr hoch.

„Schreck lass nach!“

Dein Tier ist zusammengezuckt und hat sich danach mit angelegten Ohren ganz klein gemacht: Es hat sich erschreckt. Die kleinen Nager sind sehr vorsichtige Tiere und immer bereit zu flüchten. Wenn du sie überrumpelst, machst du dich nicht beliebt.

„Friss mich nicht!“

Ein Goldhamster wirft sich platt auf den Rücken, wenn du oder ein großes Tier ihm Angst eingejagt hat. Der Goldhamster stellt sich tot. Er will den „Räuber“ damit austricksen: „Ich bin ein toter, angegammelter Hamster und so etwas magst du doch nicht!“ Auch Meerschweinchen kennen diesen Trick.

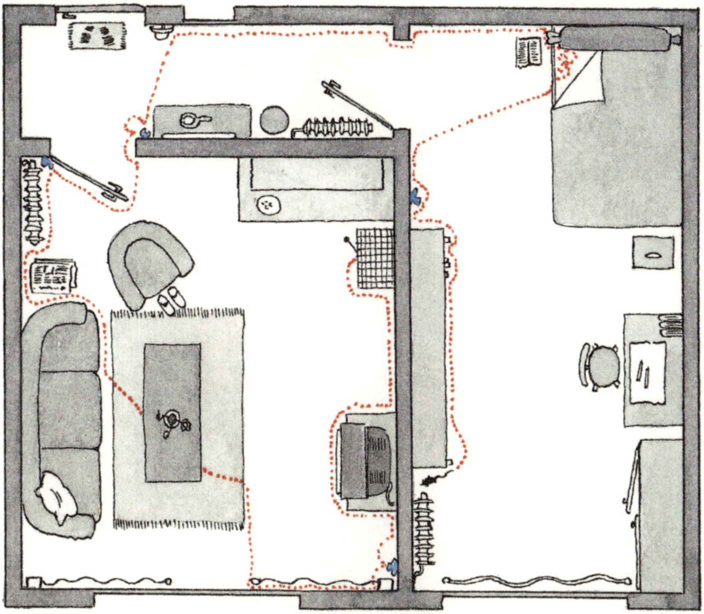

„Hier wohne ich!"

Die Lieblingswege der Nager in der Wohnung oder im Freien werden mit Düften versehen. Menschen stellen zu dem gleichen Zweck Schilder auf, auf denen steht: „Privatweg. Kein Zutritt für Fremde."
Die Duftstoffe können aus dem Urin oder Kot stammen oder von Duftdrüsen an Kopf und Flanken.
Übrigens: In einem dreckigen Käfig fühlt sich zwar keiner der Nager wohl, doch in einem frisch geschrubbten Käfig auch nicht. Schnell bekommt der Käfig wieder den Geruch des Hausbesitzers verpasst!

„Du bist ein guter Freund!“

Ratten setzen manchmal winzig kleine Pinkeltropfen auf dir ab. Dadurch verpassen sie dir den Rudelgeruch. Bist du schon mal so liebevoll angepinkelt worden?
Deinen Teil zum Rudelgeruch steuerst du bei, wenn du ein Tier streichelst.

„Ich bin ganz unauffällig."

Hamster machen sich ganz flach, wenn sie unbekanntes Gelände erkunden. Diese Schleichtaktik stammt noch von den wilden Goldhamstern, die alle ein helles Fell haben. Es verschmilzt hervorragend mit dem Wüstenboden ihrer Heimat, wenn sie sich dicht am Boden halten.

„Was war das?“

Stehen bleiben mit einer erhobenen Pfote, Männchen machen und die Ohren spitzen, das heißt: „Irgendwo passiert hier etwas fürchterlich Interessantes. Nur was?“

„Achtung – Achtung!“

Kaninchen trommeln sich gegenseitig Warnungen mit ihren großen Hinterläufen zu. Wenn du auf etwas herumtrommelst, kann sich das Kaninchen sehr erschrecken. Ahnungslos hast du vor Gefahren gewarnt, die gar nicht existieren.

„Wie gemütlich!“

Das Meerschweinchen macht ganz seltsame Geräusche, es klingt wie eine tuckernde Nähmaschine. Das Tuckern ist ein Wohlfühlgeräusch. „Ja, mach weiter“, heißt das, wenn du das Schweinchen gerade streichelst.
Ratten und Kaninchen hingegen raspeln auf deinem Arm ganz hingerissen mit den Zähnen.

„Ich mag dich."

Wenn du abgeleckt wirst, ist das ein großes Kompliment an dich. Die kleinen Nager möchten dein „Fell" pflegen, als wenn du einer von ihnen wärst. Du kannst das Kompliment erwidern: Wenn du ein Tier streichelst, ist das deine Art des „Ableckens".

„Bei dir bin ich in Sicherheit.“

Putzt sich eines der Tiere auf deinem Schoß, dann fühlt es sich bei dir wirklich wohl. Damit zeigt es dir sein Vertrauen.
Jede der Nagerarten hat eine ganz bestimmte Technik, mit der sie auch an die entlegensten Winkel des Fells kommt. Das solltest du dir mal genau ansehen!

„Jetzt langt's!“

Das meint ein Kaninchen oder Meerschweinchen, wenn es deine Streichelhand energisch wegstupst. Irgendwann möchte jedes Tier wieder seinen eigenen Geschäften nachgehen.

„Wir wollen was zu fressen!“

Was tun Meerschweinchen am liebsten? Fressen! Wenn kein Futter mehr da ist und die Welt auch ansonsten langweilig aussieht, rufen sie nach dir. Sobald deine Schweinchen dich hören, fangen sie laut an zu quieken. Das heißt: „Komm her, wir hatten seit Ewigkeiten – bestimmt schon zehn Minuten! – nichts zu fressen!“

„Alarm!"

Dringliches Quietschen ist ein Notsignal. Im Großen und Ganzen sind alle diese kleinen Tiere eher still. Wenn du von ihnen ein durchdringendes Quietschen hörst, ist etwas passiert. Entweder ein Tier fürchtet sich sehr, oder es hat sich wehgetan. Kaninchen können dabei Geräusche machen, die sich wie das Weinen kleiner Kinder anhören. Kreischen und Fauchen begleiten auch die Kämpfe der Nager untereinander.

„. . .!“

Ratten verständigen sich auch mit Pfiffen. Es gibt Erkennungs- und Warnpfiffe. Wir Menschen können diese Laute aber nicht hören, da sie zu hoch für unsere Ohren sind.

Viele Pfade führen durchs Land der Nager

Wilde Banden

Die wilden Verwandten der Meerschweinchen und Kaninchen leben in Rudeln, in denen es jeweils einen Chef gibt. Hauskaninchen und Meerschweinchen suchen deshalb Anschluss und nehmen dabei auch mit Menschen vorlieb.

Jedes Rudel hat ein Gebiet, in dem es nach Futter sucht und in dem es sichere Unterschlupfe anlegt. Fremde werden hier nicht geduldet – besonders keine fremden Männchen!

Fluchtwege

Ratten, Kaninchen, Hamster und Meerschweinchen benutzen in ihrem Revier am liebsten stets die gleichen Trampelpfade. Besonders Hamster und Ratten laufen diese Wege regelmäßig ab und sehen nach dem Rechten. Mit Hilfe der Pfade finden sie schnell zu einem Unterschlupf, wenn ihnen Gefahr droht.

Und Gefahren drohen viele. Für kleine Raubtiere wie Füchse, Katzen und Marder oder für Raubvögel sind die kleinen Nager ein leckerer Happen. Deshalb sind sie stets auf der Hut.

Untereinander setzen die Tiere durchaus auch ihre Krallen und Zähne ein – Räubern oder Feinden gegenüber ist Flucht aber die beste Verteidigung.

Das sollen Haustiere sein?

Ratten als Haustiere? Der Gedanke ist vielen Erwachsenen ein Graus. Dabei sind Ratten tolle Mitbewohner. Sie wollen genauso wenig allein sein wie Wellensittiche oder Hunde und schließen sich deshalb eng an dich an. Sie sind schlau und lernfähig und leben in gut organisierten Gruppen. Obwohl sie als wilde Tiere zu den Schädlingen gehören, sind sie als gezüchtete Tiere liebenswert und interessant.

Wüstenbewohner

Anders als Ratten, Kaninchen und Meerschweinchen sind Hamster Einzelgänger. Da die kleinen Goldhamster in den heißen Wüsten Syriens zu Hause sind, werden sie erst dann wach, wenn es in der Wüste nicht mehr brüllend heiß ist: nachts. Das Einzige, was dir dein Hamster sagt, wenn du ihn tagsüber weckst, ist darum: „Lass mich schlafen!“

Nager ist nicht gleich Nager

Auch wenn wir Kaninchen, Meerschweinchen, Hamster und Ratten gemeinsam in ein Kapitel gesteckt haben – die Wissenschaft ordnet sie in ganz verschiedene Gruppen ein. Ratten und Hamster gehören zu den Nagetieren, die ihre Vorderpfoten wie Hände benutzen. Kaninchen bilden mit den Hasen die „Hasenartigen“. Die Meerschweinchen, die aus Südamerika stammen, sind wieder eine Gruppe für sich. Allen gemeinsam sind nur die scharfen Raspelzähne.

Wohngemeinschaften

Zusammen in einem Käfig kannst du die verschiedenen Arten nicht halten. Die einzelgängerischen Hamster fühlen sich von anderen Tieren gestört. Ratten würden mit einem Hamster kurzen Prozess machen, vielleicht auf Kaninchen und Meerschweinchen Jagd machen. Nur Kaninchen und Meerschweinchen vertragen sich recht gut und können zusammen in einem Gehege wohnen.

Tierdolmetscher-Spezial:

Liebeserklärungen

Liebeserklärungen gibt es auch im Reich der Tiere. Tiere, die einen Partner suchen, müssen erst einmal auf sich aufmerksam machen. Bunte Farben im Fell oder Federkleid, Gerüche, Gesänge oder Tänze sollen die Braut oder den Bräutigam beeindrucken. Viele Tiere bringen dem Partner kleine Futtergeschenke mit: Das stimmt friedlich und beruhigt. Denn die Tiere müssen sich gegenseitig davon überzeugen, dass sie in friedlicher Absicht kommen und den anderen nicht etwa fressen wollen …

Balz

Das gegenseitige Umwerben nennt man „Balzen". Am bekanntesten ist die Balz der Pfauen: Ihr prächtiges Rad hat jeder schon mal in einem Park gesehen. Schimpansenweibchen bekommen ein leuchtend rosa Hinterteil, wenn sie zur Paarung bereit sind. Kater geben die berüchtigten Katzenkonzerte, wenn sie nach ihrer Angebeteten schmachten. Jede Tierart hat ihre eigene Balz. „Du bist richtig. Lass uns Babys machen", rufen sie sich zu.

Keine Missverständnisse bitte!

Die Balz eines Tieres soll nur von einem Tier der gleichen Art verstanden werden. Was würde sonst für ein Durcheinander herrschen, wenn der Wellensittich versuchen würde, sich mit dem Geier zu paaren!

Damit das nicht passiert, prägen sich viele Tiere zu einer bestimmten Zeit nach der Geburt ein, wie ihre Eltern aussehen. Solche Tiere balzen sie später an.

Tiere auf Abwegen

Von Hand aufgezogene Tiere halten deshalb oft Menschen für ihre Eltern und wollen von ihren wirklichen Artgenossen nichts wissen. Menschen werden auch angebalzt, wenn die passenden Tierpartner einfach fehlen. Ein Wellensittichhalter muss sich also nicht wundern, wenn sein Vogel seltsam mit den Flügeln zittert, mit dem Kopf wackelt und ihm kleine Futtergeschenke macht, ein Dackelhalter nicht, wenn sein liebeskranker Hund die Wade eines ahnungslosen Besuchers umklammert.

Das Tierdolmetscher-Diplom

Wenn du unseren Sprachführer bis hierhin gelesen und die Bilder genau angesehen hast, weißt du schon eine Menge über die verschiedenen Sprachen der Haustiere. Nun wird es Zeit für das Tierdolmetscher-Diplom! Lösung und Ergebnis findest du auf den Seiten 116–118.

1. Welches Tier macht welches Geräusch?

Tiere sprechen zu dir! Ordne jedem Tier den richtigen Laut und die dazugehörige Bedeutung zu und trage sie in die Tabelle ein:

Tier	Laut	Bedeutung
Beispiel: ***Hund***	***Bellen***	***«Hier ist was los!»***
Katze		
Hund		
Wellensittich		
Ratte		
Kaninchen		

Laute: Heulen * Trommeln * Plappern * Maunzen * Quietschen

Bedeutungen: „Mir tut etwas weh! Ich hab Angst!" * „Alarm!" * „Ich will etwas!" * „Ich fühle mich allein!" * „Wir gehören zusammen!"

2. Tiersprache aktiv

Mal sehen, ob du die Tiersprachen auch selbst sprechen kannst.

Was müsstest du tun, wenn du …

a) … ein Hund bist und dein „Rudel" vor Gefahr warnen willst?
b) … als Wellensittich „Ich liebe dich" sagen möchtest?
c) … eine Katze bist und möchtest, dass dein Mensch dir die Tür aufmacht?
d) … als Meerschweinchen sofort etwas zu fressen möchtest?
e) … als Hamster ein großes Raubtier austricksen willst?

3. Körpersprache

Kreuze die richtigen Antworten an:

A. Ein Hund, der Angst hat,

a) zieht den Schwanz ein.
b) wedelt mit dem Schwanz.
c) macht sich groß.

B. Eine Katze, die einem Streit aus dem Weg gehen will,

a) sträubt ihren Schwanz.
b) legt die Ohren an.
c) schaut am anderen vorbei.

C. Ein Meerschweinchen, das „tuckert",

a) hat Hunger.
b) fühlt sich wohl.
c) möchte spielen.

D. Ein kleiner Nager, der dich ableckt,

a) findet dich dreckig.
b) mag dich besonders gern.
c) mag den Salzgeschmack.

E. Ein Wellensittich, der dir Futter bringt,
a) möchte mit dir anbandeln.
b) hält dich für sein Küken.
c) ist doof.

4. Freund oder Feind?

Ein Tierdolmetscher weiß, wann Tiere seine Bekanntschaft schließen möchten und wann er den Rückzug antreten muss. Kannst du sagen, welche dieser Tiere angriffslustig und welche friedlich sind?

A

B

C

D

5. Begrüßungen

A. Fast alle in unserem Führer vorgestellten Tiere stellen einander mit ihrem Duft vor.
Welches Tier tut dies nicht?

a) Ratte
b) Hund
c) Wellensittich
d) Katze

B. Warum streckst du einem Hund zur Begrüßung die Hand hin?

a) Damit er sieht, dass du keinen Stock in der Hand hältst.
b) Damit er an der Hand schnüffeln kann.
c) Weil das ein Zeichen ist, das ihm Menschen beigebracht haben.

C. Wenn man ein Tier noch nicht kennt, soll man …

a) … besonders schnell auf das Tier zugehen.
b) … langsam und mit beruhigenden Worten auf das Tier zugehen.
c) … dem Tier etwas vorsingen.

Auflösung des Tierdolmetscher-Diploms:

1. Laute

Katze	Maunzen	„Ich will etwas!“
Hund	Heulen	„Ich fühl mich allein!“
Wellensittich	Plappern	„Wir gehören zusammen!“
Ratte	Quietschen	„Mir tut etwas weh! Ich hab Angst!“
Kaninchen	Trommeln	„Alarm!“

Für jeden richtig zugeordneten Laut bekommst du einen Punkt und für jede richtige Übersetzung einen weiteren Punkt. Stimmt beides, darfst du dir also zwei Punkte anrechnen.

Punktzahl: …

2. Tiersprache aktiv

a) bellen
b) einem anderen Tier ein Futtergeschenk machen und/oder mit ihm schnäbeln
c) vor der Tür maunzen
d) laut quieken
e) auf den Rücken werfen und tot stellen

Für jede richtige Lösung bekommst du einen Punkt.

Punktzahl: …

3. Körpersprache

A a
B c

C b

D b

E a

Für jede richtige Lösung bekommst du einen Punkt.

Punktzahl: …

4. Freund oder Feind?

A. friedlich

B. angriffslustig

C. ängstlich und deshalb angriffslustig

D. friedlich

Für jede richtige Lösung bekommst du einen Punkt.

Punktzahl: …

5. Begrüßungen

A c

B b

C b

Für jede richtige Lösung bekommst du einen Punkt.

Punktzahl: …

Gesamtpunktzahl: …

Ergebnis:

Wenn du 19 Punkte erreicht hast, kannst du das Tierdolmetscher-Diplom ausschneiden, deinen Namen eintragen und es in deinem Zimmer aufhängen!

Aber vergiss nicht: Das Wichtigste beim Umgang mit Tieren ist, dass man sie stets gut beobachtet und das Tier verstehen möchte. Das zählt mehr als jedes Diplom!

Wenn du die nötigen Punkte noch nicht geschafft hast:
Lies noch einmal ein bisschen in diesem Buch! Und pass gut auf, wenn du mit Tieren zusammen bist. Wenn du das oft tust, kannst du dich bestimmt auch bald mit dem Tierdolmetscher-Diplom schmücken!

Dolmetscher Diplom

für

....

...UND WAS IST MIT UNS ??

Nachwort

Forscher in der Welt der Tiere

Vielleicht fragst du dich am Ende dieses Buches, woher wir all das über die Sprache der Tiere wissen. Die Antwort ist: Überall auf der Welt arbeiten Wissenschaftler, die sich Verhaltensforscher oder Ethologen nennen. Sie erforschen die Tricks und Kniffe, die Tiere beherrschen, um zu überleben. Wie finden sie Futter? Wie bestehen sie gegen ihre Feinde? Wie kommen sie miteinander aus? Und nicht zuletzt: Wie verständigen sie sich?

Schwitzen und Beobachten

Verhaltensforscher beobachten „ihre“ Tiere rund um die Uhr. Einige bauen sich in der freien Natur unauffällige Unterschlupfe. Gut getarnt beschreiben, filmen und fotografieren sie das Leben der wilden Tiere. Andere beobachten Tiere in einem Zoo oder einem Labor in der Universität.

Es kann viele Jahre dauern, bis die Forscher einen Überblick über ein Tierleben bekommen. Sie tragen dicke Ordner mit Aufzeichnungen zusammen und versuchen dann, aus ihren Beobachtungen schlau zu werden. Wenn sie zum Beispiel viele hundert Mal beobachtet haben, dass ein Hund immer bellt, wenn ein Unbekannter sich nähert, können sie sich sicher sein: Bellen ist ein Alarmruf, der das Rudel warnt.

Wie werde ich Tierforscher?

Um Tierforscher zu werden, hast du zwei Möglichkeiten. Erstens: Du liest ganz viele schlaue Bücher, hast nur gute Noten in der Schule und gehst später auf die Universität. Zweitens: Du fängst einfach an! Denn um Tierforscher zu sein, muss man sich vor allen Dingen für Tiere begeistern können und genau hinschauen.

Kannst du auch in der Stadt Tiere beobachten, wenn du kein Haustier hast? Klar: Spatzen, Tauben und Amseln und andere Vögel gibt es auch hier. Eichhörnchen, Katzen und Hunde. Ameisen, Bienen und Wespen. Schau dich auf dem Balkon, in Parks, im Garten oder auf leer stehenden Geländen um.

Wenn du auf dem Lande wohnst, in der Nähe eines Waldes, Sees oder Flusses, kannst du natürlich noch viel mehr entdecken.

Von Tieren lernen

Wenn man das Verhalten von Tieren begreift, versteht man auch das Verhalten von Menschen besser. Zum Beispiel benehmen sich Menschen, die Angst haben, ganz ähnlich wie Tiere – sie versuchen, sich klein zu machen. Nur verstecken sie ihre Körpersprache durch viel Gerede. Bei Tieren kann man so ein Verhalten viel klarer sehen. Sie helfen uns zu begreifen, was in Menschen vorgeht. Trotzdem beobachten viele Forscher die Tiere um ihrer selbst willen. Sie möchten mehr über ihre Lieblingstiere erfahren, egal, ob es nun Affen, Elefanten oder Spatzen sind – genau wie du wissen möchtest, was dein Tier denkt und fühlt. Es ist ein schöner Moment, wenn die Forscher „ihre“ Tiere nach langen Beobachtungen verstehen können – so gut, als hätten sie laut zu ihnen gesprochen.

Monika Lange, 1968 in Duisburg geboren, machte nach dem Biologiestudium in Düsseldorf ein Volontariat bei einer Filmproduktion. Seit 1996 arbeitet sie als freiberufliche Autorin und veröffentlicht Kindersachbücher. Sie lebt in Seattle, USA.

Nikolaus Heidelbach wurde 1955 in Lahnstein geboren und wuchs in Braubach und Köln auf. In Köln und Berlin studierte er Germanistik und Kunstgeschichte und arbeitet seit 1982 als freischaffender Illustrator, Zeichner und Autor. Zusammen mit Frau und zwei Kindern lebt er in Köln. Für sein Gesamtwerk wurde er mit dem „Sonderpreis Illustration" des Deutschen Jugendliteraturpreises ausgezeichnet.

3735/2

rororo rotfuchs

Lilli Thal
Kommissar Pillermeier
(21158)
Kommissar Pillermeier und sein Assistent Rudolf Flotthammer sind die Krönung der organisierten Verbrechensbekämpfung – Ein wunderbarer Krimispaß mit einem Heldenpaar, das den Vergleich mit «Dick und Doof» nicht zu scheuen braucht.

Roald Dahl
Matilda
(21182 / ab Dez. 2001)
Der Kinderbuchklassiker als einmalige Sonderausgabe – Matilda entdeckt, dass sie nicht nur ein Wunderkind mit scharfen Verstand ist, sondern auch über übersinnliche Kräfte verfügt.
«Eine Liebeserklärung an das Reich der Phantasie.»
Abendjournal

Angela Sommer-Bodenburg
Der kleine Vampir
(21157)
Der Klassiker von Angela Sommer-Bodenburg als Geschenkband.
Anton ist ein echter Vampir-Fan. Bis eines Tages ein echter Vampir, Rüdiger von Schlotterstein, auf seinem Fensterbrett sitzt. Zusammen mit seiner freundlichen Schwester Anna bringt er Antons Leben ganz schön durcheinander!

Romane bei rororo Rotfuchs

Max von der Grün
Vorstadtkrokodile *Eine Geschichte vom Aufpassen*
(20171)
Eines der meistgelesenen deutschen Kinderbücher. Wer die Mutprobe bestanden hat, darf sich das Krokodil auf die Hose nähen. Aber was ist mit Hannes, der im Rollstuhl sitzt? Aufgenommen in die Auswahlliste zum Deutschen Jugendbuchpreis.

Christine Nöstlinger
Wir pfeifen auf den Gurkenkönig
Ein Kinderroman
(20153)
Mit Majestät will dieses Kürbis-Gurken-Kronen-Ding angeredet werden, das da plötzlich in der Küche der Familie Hogelmann sitzt und um politisches Asyl bittet. «Er hat die ganze Familie furchtbar geärgert. Gemein war er auch...» Deutscher Jugendliteraturpreis

Doralies Hüttner
Komm, ich zeig dir die Sonne
(20139)
Ulli hält sich für einen Versager – in der Schule und auch sonst. Bis er Jens, dem Jungen auf dem Motorrad begegnet und Ullis Abenteuer beginnt. Die Jungen aus der Schule – vielleicht sogar die Eltern – werden Augen machen ...

Weitere Informationen in der Rowohlt Revue, im Rotfuchs Schnüffelbuch, kostenlos im Buchhandel, und im Internet: www.rororo.de

3770/1